AF278539

NOTICE

SUR LA VIE ET LES DÉCOUVERTES

DE

NICOLAS LE BLANC

PAR SA PETITE-FILLE

H. DE MANNOURY D'ECTOT

NÉE NICOLAS LE BLANC

OFFERT

A MM. LES MEMBRES DU CERCLE RÉPUBLICAIN DU BERRY

PARIS

A L'ALLIANCE DES ARTS, DES SCIENCES ET DES LETTRES

PASSAGE DE L'OPÉRA, 18

ET A LA MAIRIE D'ISSOUDUN (Indre.)

NICOLAS LE BLANC

NOTICE

SUR SA VIE ET SES DÉCOUVERTES

Jacques PINSET.

Dans ce siècle où les glorifications les plus inattendues,
les plus audacieuses, parfois les plus éhontées se sont produites
au grand jour, — entre autres celles du 18 Brumaire et du

2 Décembre — il faut au moins que — l'heure de la justice venue, — la France rende enfin hommage aux hommes qui l'ayant déjà honorée par leur science et leurs talents, l'ont encore enrichie par leurs découvertes et leur désintéressement.

De tous ceux à qui la Nation doit ces hautes récompenses honorifiques, expression de sa gratitude, qui les a mieux méritées que ce savant dont la vie s'écoula tout entière en travaux utiles, en découvertes précieuses, et qui, le jour où la Patrie en danger faisait un suprême appel au dévouement de tous ses enfants, donna le fruit de ses labeurs incessants, recherches coûteuses, études ardues, — sans rien demander en échange, une des plus belles découvertes de la science moderne, — la *soude artificielle ?*

Qui donc a mieux mérité de la patrie que Nicolas Le Blanc ?

Nos places, nos jardins, nos squares, sont décorés de statues d'illustres guerriers. Nos rues, nos boulevards, portent leurs noms, et Nicolas Le Blanc attend encore qu'un buste apprenne aux générations modernes, qui profitent du bienfait sans se soucier beaucoup du bienfaiteur à qui elles sont redevables du bien-être et de la prospérité dont elles jouissent.

Nicolas Le Blanc est né à Issoudun en 1755.

Après de sérieuses études, où il s'était fait remarquer de ses professeurs par une aptitude particulière pour les sciences exactes, il se fit recevoir médecin, et vint exercer sa profession à Paris, après avoir étudié la chirurgie sous le célèbre Bras-d'Or.

Mais le soin des bronchites, des pleurésies ou des fluxions de poitrine ne pouvait absorber longtemps cet esprit voué à la carrière glorieuse, mais bien rude, des investigations et des recherches. Par une pente naturelle, le médecin était devenu chimiste, et c'est ainsi qu'en 1780, grâce à quelques publications qu'il avait déjà faites sur des travaux de *cristallisation des sels,* il fut appelé auprès du duc Philippe d'Orléans, qui devint plus tard Philippe-Égalité. En apparence, il ne venait prendre au Palais-Royal qu'un emploi de médecin attaché à la personne du duc, mais le jeune savant trouvait, en réalité, un laboratoire de physique et de chimie très-complet, des aides intelligents, la facilité de continuer ses expériences, et enfin ce qui est le nerf de toutes les guerres, — (la science n'est-elle pas une éternelle lutte contre la nature d'une part, l'ignorance de l'autre), — l'argent que pouvait lui fournir un des hommes les plus intelligents de cette époque singulière, et qui allait devenir son collaborateur en même temps que son protecteur, et plus tard son associé.

En quelques années, Nicolas Le Blanc soumit à l'Académie des sciences divers mémoires qui obtinrent des rapports les plus élogieux des premiers chimistes de l'époque : Darcet, Daubenton, Sage, Berthollet, Havy, enfin Condorcet, et la haute approbation de l'illustre assemblée.

Mais tout cela n'était que comme une sorte d'initiative à la grande découverte qui allait immortaliser son nom en enrichissant son pays.

Tout le monde sait à quels usages variés l'on emploie la soude. La consommation au XVIIIe siècle était déjà bien considérable, d'après un rapport de l'Académie des sciences. On l'obtenait alors par la combustion de végétaux que nous faisions venir à grands frais des côtes d'Espagne, et la France payait plus de trente millions par an à sa voisine pour les soudes d'Alicante, de Carthagène et de Malaga. Ce tribut si lourd pesant sur notre industrie, éveilla la sollicitude du gouvernement, qui fit offrir par l'Académie des sciences un prix de 2,400 francs au chimiste qui produirait de la soude artificielle.

Dès 1777, des travaux furent soumis à l'Académie sans qu'aucun réalisât le desideratum cherché. De La Métherie lui-même échoua. Ses expériences avaient cependant attiré l'attention de Le Blanc, qui pensa que le problème n'était pas insoluble. Mais les expériences devaient être fort coûteuses, Le Blanc était pauvre. Il s'adressa au duc d'Orléans qui, sans refuser le concours pécuniaire qui lui était demandé, s'en rapporta à d'Arcet sur le mérite de la découverte annoncée par Nicolas Le Blanc. Il mit néanmoins à la disposition du savant les fonds nécessaires pour quelques expériences. Les premières ne furent pas satisfaisantes, mais d'Arcet, qui tenait Le Blanc en très haute estime, suspendit son rapport jusqu'au jour où le chimiste triomphant lui apporta le résultat de ses dernières recherches, cette *soude artificielle* dont, grâce à lui, on se sert en France depuis 90 ans.

On était arrivé à 1790. Le prince était alors en Angleterre, mais sur une lettre pressante de d'Arcet et de Condorcet, en présence du magnifique résultat obtenu par le chimiste, il consentit à entrer dans une association avec Le Blanc pour l'exploitation de sa découverte. La Société fut ainsi constituée : Le Blanc apportait son invention, le Prince une somme de 170,000 francs, Dizé, qui avait été préparateur au Collége de France, un procédé de fabrication d'un blanc de plomb, enfin Shée sa longue expérience et son travail.

La Société était établie pour vingt ans.

Et une usine fut élevée à Saint-Denis. Dès les premiers jours, alors que l'installation était loin d'être complète, elle avait pu fournir plus de trois cents kilogrammes par jour.

Mais les événements politiques se précipitaient. Le lendemain du jour où le duc d'Orléans périssait sur l'échafaud, le séquestre était mis sur l'usine de Saint-Denis, appelée la Maison de Seine, le matériel en était dispersé.

L'Angleterre offrit à Le Blanc une somme considérable pour aller tirer parti de sa découverte en Angleterre. Il refusa. « Je suis Français, dit le patriote, et ma découverte doit rester à mon pays. »

C'était la ruine pour le courageux savant, qui ne faiblit pas cependant. Il avait le cœur à la hauteur de l'intelligence, et quand la Convention, en guerre avec l'Europe entière, fit appel aux chimistes, leur demandant les secrets de procédé de fabrication de soude qui étaient leur propriété, M. Le Blanc offrit généreusement le sien, qui fut trouvé le plus pratique et fut accepté. Son secret fut donc divulgué sous cette réserve qu'une indemnité lui était due.

Mais, malgré ses réclamations, malgré l'avis cent fois donné par toutes les sociétés savantes, malgré une ordonnance ministérielle prescrivant le paiement, après un arbitrage qui avait fixé le chiffre de l'indemnité, *cette indemnité ne fut jamais payée.*

Mais chez les natures d'élite l'infortune est comme un aiguillon. Spolié, ruiné, il ne renonce pas à la lutte. Il reste le patriote sincère, désintéressé, qu'il a toujours été. Six fois il est nommé administrateur du département de la Seine. Il fait partie de toutes les Sociétés savantes auxquelles il a apporté le précieux contingent de ses expériences. Il entre à l'Assemblée législative et se trouve le rapporteur nécessaire de toutes les hautes questions de science, d'art, d'instruction et d'économie politique. Il est régisseur des poudres et salpêtres, conservateur des objets d'art et de science, membre du bureau consultatif, etc.

Il est l'ami et le collaborateur de toutes les illustrations de l'époque, les Haüy, les Condorcet, les Daubenton, les Lacépède, les Fourcroy, les Bertholet, les Vauquelin, de toute cette brillante pléïade qui donnait à la France sa haute supériorité sur le monde entier.

Partout où la France a besoin d'un savant et d'un citoyen

dévoué, on trouve Nicolas Le Blanc. Le voici dans le Tarn et dans l'Aveyron, recréant et dirigeant avec une rare intelligence, avec une persévérance qui amène le succès, les mines d'Alun.

Nous le retrouvons explorant le plateau de Larzac, près de Milhau, et découvrant de splendides richesses minérales qu'il consigne dans un rapport qui est resté le programme des grands travaux qui ont été entrepris dans cette contrée.

Il passe à Albi, voit la cathédrale et écrit la plus belle page d'archéologie qu'ait jamais signée un Viollet-Leduc.

Ce génie puissant embrasse tout, les arts, les lettres, les sciences, et non pas seulement dans les hautes régions de la théorie, mais dans l'application immédiate, usuelle, aux besoins de l'industrie.

Le premier, il étudie l'influence des agents chimiques sur le développement de l'agriculture. Il fait approuver par Fourcroy et Vauquelin des procédés très simples et très pratiques pour utiliser les immondices de Montfaucon. Chaptal s'intéressa vivement à ses projets et encouragea Le Blanc à poursuivre ses travaux.

Entre temps, il avait publié (Paris, an X, — 1802) une brochure très intéressante et très rare aujourd'hui : *De la cristallotechnie ou Essai sur les phénomènes de la cristallisation.* Cet opuscule de cent pages contient, en outre de ses mémoires sur la cristallisation et des planches représentant les cristaux qui y sont annexés, les rapports de Bertholet, Condorcet, etc., à l'Académie des sciences.

Mais, malgré le décret qui lui avait rendu son usine de Saint-Denis, sans matériel, sans outillage, et avec une somme dérisoire, — trois mille francs, — pour la remettre en activité, la gêne devient détresse.

Les réclamations se succèdent auprès du Directoire, auprès du Consulat, auprès de l'Empire. Les plus hautes autorités de la science, de la politique, de l'administration, appuient les justes, les trop légitimes revendications de Le Blanc.

Mais, tout est vain. Partout Le Blanc est éconduit par les bureaux.

Alors, un morne désespoir s'empare de ce cerveau si puissant, si fécond, si fertile. L'avenir lui semble fermé, le passé ne lui apporte que l'amère satisfaction d'avoir tout donné : son génie, sa science, sa fortune, pour un pays qui l'abandonne. Le présent, c'est la misère.

Alors, ce stoïque, ce patriote, ce dévoué de toutes les heures, ce bienfaiteur de son pays, ce lutteur infatigable, ce savant illustre, ce martyr, se fait sauter la cervelle, laissant à la France une richesse incomparable (1) et un remords dont la République doit se montrer consciente aujourd'hui.

---

(1) M. Dumas dans son rapport à l'Académie des Sciences, (31 mars 1856) dit : « ... si la soude factice n'eût pas été inventée, les jouissances que le consommateur se procure à son aise, lui couteraient **Un milliard** (par année).

La ville d'Issoudun, qui s'honore d'avoir donné le jour à Nicolas Le Blanc, veut élever un monument à la mémoire d'un de ses plus glorieux enfants. Mais ce n'est pas Issoudun, ce n'est pas l'Indre, ce n'est pas le Berry même, qui doit cet hommage à l'illustre martyr, c'est la France entière, qu'il a enrichie par sa science, par son dévouement, par son abnégation.

Si la France monarchique a longtemps oublié, la France républicaine doit savoir se souvenir.

VICHY, IMPRIMERIE WALLON.